DE LA

SOLUTION NÉCESSAIRE

EN 1852

(QUESTION DU MOMENT)

PAR

M. XAVIER FARJON.

Une solution ! une solution !
(*Tout le monde.*)

La République est un terrain neutre; c'est la forme de gouvernement qui nous divise le moins. (*M. Thiers.*)

L'élection de M. Louis-Napoléon Bonaparte fut une planche de salut jetée sur l'abime des révolutions.
(*M. Émile de Girardin.*)

PARIS

CHEZ AMYOT, LIBRAIRE-ÉDITEUR,

RUE DE LA PAIX, 8.

—

1850
1851

Imprimerie de A. GUYOT et SCRIBE, rue Neuve-des-Mathurins, 18.

DE LA
SOLUTION NÉCESSAIRE
EN 1852.

I

Nous appelons la solution *nécessaire* celle qui découle *nécessairement* de la situation même des choses ou de la contendance des partis qui divisent le pays, — celle que l'anxiété des esprits élève à la hauteur d'une protection providentielle contre les dangers de la lutte imminente et inévitable de ces partis, — celle qui maintient l'ordre établi en même temps qu'elle laisse la carrière ouverte aux espérances de chacun, — celle enfin qui consiste dans la prolongation pour quatre nouvelles années, et par la NATION (1), des pouvoirs présidentiels de M. Louis-Napoléon Bonaparte.

(1) Nous avions terminé notre manuscrit lorsque nous avons lu la brochure de M. Latour-Dumoulin fils, éditée, comme la nôtre, chez Amyot, et dans laquelle cet estimable écrivain conclut à ce que la prolongation des pouvoirs de M. Bonaparte pour deux années seulement, soit l'œuvre de l'Assemblée législative. Nous consacrons un dernier chapitre à la déduction des motifs qui nous font ne pas admettre cette conclusion.

Ainsi définie, ainsi comprise, cette solution doit être appelée par les vœux de tous ceux qui placent l'intérêt général, le salut de la patrie, au-dessus des considérations de leur prédilection personnelle, par les vœux de quiconque sent battre dans sa poitrine le cœur d'un Français.

Certes, nous ne nous sommes pas dissimulé les difficultés de la tâche que nous entreprenons en appelant les méditations individuelles sur la solution qui nous paraît être la plus simple, la plus positive, et partant la meilleure du problème que renferme ce millésime de 1852 suspendu sur nos têtes comme une menaçante épée de Damoclès.

Nous n'avons ignoré ni l'ardeur des partis mesurant d'un œil impatient l'arène prête à s'ouvrir, ni leur systématique hostilité contre tout ce qui serait une barrière opposée au conflit de leur rivalité, ni, encore moins, l'ombrageuse susceptibilité qu'éveillerait le nom d'un homme s'il était mis, même provisoirement et comme une boussole éprouvée, à bord du navire qui porte la fortune de la France.

Nous avons prévu toutes les objections, nous les connaissons même en partie pour les avoir entendues, et pourtant, après avoir fait nous-même ce que nous demandons que l'on veuille bien faire, après avoir tour à tour interrogé le le présent et l'avenir, froidement, sans prévention, sans autre préoccupation que celle du bien public, nous n'avons pas hésité à livrer à la publique discussion les pensées que l'on va lire, pensées du cœur plutôt que de l'esprit, inspirées par le saint amour de la patrie et par le profond sentiment des périls où nous la voyons entraînée.

C'est que nous avons une confiance pleine et entière dans ce qu'un publiciste contemporain a nommé le génie de la

France, c'est-à-dire dans son bons sens et dans sa raison, qui toujours la préservèrent de sa perte en lui dictant, au moment du danger, des résolutions marquées au coin de la prudence, de la sagesse, d'une instinctive appréciation de son intérêt, et qui, nous en avons la ferme conviction, ne sauraient lui faire défaut dans la position critique où elle se trouve aujourd'hui.

L'œuvre à laquelle nous convions tous les hommes impartiaux et de bonne foi est une œuvre de salut public; nous les adjurons d'y bien réfléchir et de ne pas oublier que la France n'est d'aucun parti, qu'elle les domine tous et n'épouse ni leurs querelles, ni leurs calculs, ni leur ambition; que la France, pour dire le mot, est devenue égoïste, oui, égoïste comme on l'est lorsque, à peine au sortir d'une crise mortelle, on éprouve, avant tout, le besoin du calme et du repos, le besoin de se sentir vivre; — ou bien encore égoïste comme l'est une mère qui sait qu'on fait le bonheur de ses enfants, non pas en se prêtant à leurs caprices, mais en les domptant sous le joug d'une volonté ferme et inébranlable dont ils béniront plus tard les bienfaits.

Si notre espoir n'est pas déçu, si cet appel à la raison publique est compris, s'il nous est donné de contempler le drapeau de la France porté assez haut par notre patriotique enthousiasme pour que, dans nos futurs comices électoraux, il domine nos discordes civiles, comme le phare domine la tempête, et qu'il devienne ainsi le signe de ralliement de toutes les fractions égarées de l'opinion; s'il en est ainsi, que le Dieu des Français soit béni! car, pour nous, le résultat est certain : l'ordre et la société seront sauvés, et nous n'aurons de plus près touché aux bords de l'abîme que pour nous en tenir désormais plus éloignés.

Ces réflexions préliminaires, qui font ressortir toute l'importance de la cause à laquelle nous dévouons notre jeune plume, ne feront-elles pas excuser la hardiesse de l'écrivain ? Nous osons l'espérer.

Après tout, il nous souvient que le législateur d'une de ces antiques républiques que chaque jour nous entendons invoquer comme les plus purs modèles à suivre, que Solon fit graver sur le marbre du Forum athénien une loi qui vouait au mépris de ses concitoyens celui qui serait convaincu de n'avoir pas pris souci des affaires de son pays.

Que l'on veuille donc bien pardonner à un moderne républicain de s'être rappelé ce précepte de l'un des sages de la Grèce, et d'avoir voulu apporter, lui aussi, son modeste concours à l'œuvre commune qu'il s'agit d'édifier !...

II

Voltaire a dit quelque part : « Il y a quelqu'un qui a plus d'esprit que personne, c'est tout le monde. » Rien n'est plus vrai, et nous croyons pouvoir paraphraser cet axiome philosophique, sans en altérer la vérité, en disant qu'en politique il y a quelqu'un qui y voit plus clair qu'aucun parti, c'est-à-dire la réunion de tous les hommes qui composent les divers partis, en d'autres termes, tout le monde.

Par voie de conséquence, une combinaison politique, une solution étant donnée, il peut très-bien se faire que cette solution, ne convenant à aucun des partis pris isolément, convienne, au contraire, parfaitement à la masse des citoyens, à la nation.

Même il arrivera souvent que cette solution ne sera bonne en soi et précieuse pour le pays que précisément parce qu'elle ne fera l'affaire d'aucun parti.

Tel est le caractère particulier de la solution que nous discutons, et de laquelle, à notre avis, on a fait le meilleur éloge, lorsqu'on lui a adressé cette première objection :

« La solution a le tort de ne convenir à personne :

« Elle est repoussée par les légitimistes, parce qu'elle ne fait pas arriver le comte de Chambord sur le trône;

« Par les orléanistes, parce qu'elle laisse de côté et la régence du duc de Nemours ou de la duchesse d'Orléans, et les prétentions directes, soit du prince de Joinville, soit de tout autre membre de la branche cadette ;

« Par les impérialistes, parce qu'elle ne place pas une couronne sur la tête du neveu de l'empereur ;

« Par les républicains, de quelque nuance qu'ils soient, parce qu'elle tend à faire réélire le président, qui, aux termes de la Constitution de 1848, n'est pas rééligible. »

L'objection a raison de dire cela, mais elle a tort d'en conclure que la solution est mauvaise et de la condamner aussitôt ; car, pour nous, cette unanime réprobation qu'elle rencontre dans les rangs des partis qui nous divisent est précisément, nous l'avons dit et nous allons le prouver, ce qui la recommande à l'appréciation des hommes sages, ce qui fait son utilité, sa *nécessité*.

En effet, que demande la France en ce moment ?

Elle demande que les capitaux circulent, que l'industrie fabrique, que le commerce vende, que l'ouvrier ait du travail et du pain.

Pourquoi les capitalistes sont-ils hésitants, l'industrie inoccupée, le commerce sans acheteurs, l'ouvrier sans travail ?

Parce que notre horizon politique est gros de nuages, que l'incertitude, la défiance et la crainte sont dans tous les esprits, et que chacun, semblable au nautonnier prudent, plie sa voile devant l'orage qu'il voit venir.

Enfin, qu'elle est la cause de cette situation des esprits ?

C'est l'agitation que sème dans le pays la contendance de nos partis politiques ; c'est l'attente où l'on est de leur collision prochaine ; c'est l'impossibilité de lire d'avance dans le livre de nos destinées le nom du parti qui l'emporterait sur tous les autres; c'est, et c'est surtout cette douloureuse conviction que le parti vainqueur rapporterait de son triomphe de tristes lauriers moissonnés sur le champ de la guerre civile et teints de sang français !...

Or, s'il en est ainsi, si telles sont les sérieuses et légitimes appréhensions de la France, n'est-ce donc pas aller au-devant de la pensée publique que proposer au pays une solution qui fait cesser le mal, dont elle détruit, pour quelque temps du moins, la cause, c'est-à-dire une solution par laquelle sera éloignée l'heure qui trop tôt va sonner, l'heure de cette lutte décisive, acharnée, terrible entre les partis, et qui serait peut-être la dernière heure de la société ? L'affirmative ne saurait être douteuse pour personne.

III

« La solution, objecte-t-on en second lieu, viole la Constitution, qui déclare que le président de la République n'est rééligible qu'après un intervalle de quatre années. »

La base sur laquelle porte notre solution est, nous aurons souvent l'occasion de le rappeler, le désir que nous supposons partagé par tous les hommes sages, d'épargner à la France, à peine convalescente de sa dernière et récente crise révolutionnaire, les jours douloureux qui suivraient nécessairement l'engagement général de nos partis politiques sur le champ de bataille de 1852. Il s'agit donc à cette heure, pour nous, d'une de ces grandes questions d'intérêt public devant lesquelles tout doit céder, même les dispositions les plus formelles du statut social; de ces grandes questions qui faisaient dire à des républicains qui nous valaient bien : *Salus populi, suprema lex*. Or, la Constitution de 1848 n'est évidemment pas au-dessus de cette suprême loi du salut public, car il serait absurde d'admettre que ce qui a été fait pour le bien de tous ne puisse pas être modifié, alors que l'intérêt de tous réclame impérieusement cette modification.

D'ailleurs, ceux qui firent la Constitution ne se dissimulèrent ni les imperfections d'une œuvre faite à la hâte au milieu des agitations populaires, ni les nécessités, alors impossibles à prévoir, que le temps et les circonstances pourraient faire surgir, et ils ont édicté d'une manière générale et pour parer à tout événement, que la Constitution pourrait être révisée, c'est-à-dire modifiée dans le sens qui paraîtrait le plus opportun au moment de la révision. D'après cela, il est parfaitement loisible aux représentants du pays de décréter que le président de la République pourra être réélu, si la nécessité de cette réélection leur est démontrée; à plus forte raison, le pays lui-même, souverain appréciateur de ce qui lui convient, pourrait-il, si la Représentation nationale n'avait compris ni ses besoins ni sa pensée, réviser l'article 45 de la Constitution par le vote qu'il jetterait dans l'urne électorale de 1852. Cela est incontestable.

La réélection du président ne violerait donc pas la Constitution dans le sens défavorable et impolitique que l'on attache à ce mot, mais elle serait le résultat d'un amendement à la Constitution, amené par les circonstances, conseillé par le sens commun, nécessité par des considérations d'intérêt public de l'ordre le plus élevé.

D'ailleurs, cette réélection est-elle sans précédents dans l'histoire des Républiques contemporaines?

Washington, sans parler des présidents qui lui ont succédé, et dont l'un, Jefferson, gouverna de 1801 à 1813, Washington fut élu deux fois, et cela sous le régime d'une constitution républicaine qui, comme la nôtre, fixait à quatre ans la durée des pouvoirs présidentiels. Si le premier élu de la République des États-Unis refusa la troisième présidence qui lui fut même offerte, c'est parce qu'il ne jugea pas nécessaire à l'intérêt de ses concitoyens de conserver encore le pouvoir; et, persuadé qu'une nouvelle élection n'aurait rien de compromettant, ni pour le salut de la société dont il avait été l'un des fondateurs, ni même pour son repos, il demanda à résigner ses fonctions et rentra dans la vie privée. En eût-il été ainsi, nous le demandons, si Washington, au lieu d'avoir accompli son œuvre de régénération sur une terre vierge et neuve, y eût, au contraire, trouvé les habitudes monarchiques profondément enracinées; s'il eût marché sur un sol couvert d'ennemis vaincus, mais plus menaçants que jamais; si sa retraite du pouvoir eût été le signal vivement attendu d'une lutte terrible entre des partis jouant avec désespoir, comme dernier enjeu, le salut de la société? Assurément, non. Ne nous montrons donc pas plus châtouilleux à l'endroit du puritanisme républicain que ne le furent Washington et ses concitoyens, et que les gens de bien, quelque déterminés qu'ils soient à faire respecter l'ordre, n'importe d'où vienne le trouble, se rappellent cette sage pensée qu'exprimait Manuel pour stimuler l'insouciance du gouvernement de la Restauration en présence de l'insurrection qui commençait à gronder : « S'il est beau d'attendre les Gaulois sur sa chaise curule, il est plus utile au pays de les empêcher d'entrer à Rome ! » Pour nous, l'ennemi que nous redoutons, c'est la guerre civile qui, en 1852, sortirait tout armée de la collision des partis. Eh bien ! n'attendons pas l'ennemi les bras croisés, ne le laissons pas arriver jusqu'à nous, mais fortifions-nous contre lui, et que la réélection du président de la République, déjà préparée par l'Assemblée nationale, soit le rempart devant lequel expireront ses funestes tentatives, et derrière lequel nous trouverons, nous, ce calme et cette tranquillité dont nous éprouvons un si grand besoin !

Maintenant, comment devra s'opérer la révision ?

Sera-ce par l'Assemblée spéciale dont parle l'article 111 de la Constitution ?

Nous ne sommes pas de cet avis, et cela par deux raisons, dont la première est péremptoire :

D'abord, pour opérer la révision d'après les moyens indiqués par la Constitution, il faudrait que la convocation de l'Assemblée spéciale fût demandée par les trois quarts des membres de l'Assemblée législative. Or, en y réunissant toutes les fractions du parti conservateur, on n'arriverait pas à former cette importante majorité. Il faut donc opter entre une dérogation à l'article 111 et l'impossibilité légale de soumettre la Constitution à une révision jugée nécessaire. Il n'y a pas à hésiter.

En second lieu, l'Assemblée législative, telle que nous l'avons aujourd'hui, est l'expression sinon la plus nette, du moins la plus étendue du suffrage universel, tandis que celle qui viendrait après elle serait élue sous l'empire de la nouvelle loi qui restreint le nombre des électeurs, et il pourrait se faire qu'elle vît son autorité contestée et méconnue sous le prétexte qu'il ne lui appartiendrait pas de toucher à ce qui fût fait par une Assemblée qui représentait l'universalité des citoyens. Ce motif de résistance, s'il était allégué, et il le serait infailliblement, aurait trop les apparences de la vérité pour qu'il ne fît pas une vive impression sur beaucoup d'esprits, et c'est une raison de plus, après la raison péremptoire que nous avons déjà déduite, de laisser à l'Assemblée actuelle le soin d'effectuer elle-même la révision.

Nous ajoutons que l'œuvre de la révision nous paraît devoir être circonscrite au point de la rééligibilité du président. Il y aurait, en effet, à notre avis, plus d'un danger à sortir de ce cercle étroit où les circonstances nous resserrent.

L'Assemblée, qui très-certainement rencontrerait un immense assentiment dans le pays, si elle se bornait à ouvrir la porte à la seule solution possible, c'est-à-dire à fournir au pays les moyens de réaliser lui-même cette solution, ne trouverait peut-être pas la même adhésion, si elle se substituait à l'Assemblée spéciale prévue par l'article 111 de la Constitution, pour accomplir en entier la tâche qui incomberait à celle-ci.

Ensuite, l'expérience est là pour attester que rien n'est plus éventuel que le résultat des discussions parlementaires dans lesquelles on engage d'autres considérations que celles d'un intérêt public nettement précisé et exclusivement mis en question.

D'autre part encore, il est évident qu'un simple vote sur cette simple motion : Faut-il déclarer le président de la République désormais rééligible, aurait pour effet, bien plus qu'un vote qui s'appliquerait à des objets plus ou moins nombreux, de préparer la réélection du président, et, par suite, de faire plus tôt atteindre le but que l'Assemblée se serait proposé, puisque l'on verrait généralement dans ce vote unique l'éloquente démonstration d'une nécessité d'autant plus profondément sentie, qu'elle aurait fait taire autour d'elle toute velléité d'apporter d'autres modifications à une Constitution que personne ne tient pour parfaite.

Enfin, si l'on doit s'attendre à ce que sur certains bancs de l'Assemblée la réélection présidentielle soulève la plus violente opposition, n'est-il pas bien de ne pas étendre davantage le foyer d'une discussion irritante, et d'épargner au pays des secousses qui lui arrivent d'autant plus fortes, qu'elles sont parties de plus haut ?

IV

D'autres feront valoir l'objection suivante : « La solution doit être repoussée, parce qu'elle ne finit rien ; parce que, advenant le terme de la prolongation des pouvoirs de M. Louis-Napoléon Bonaparte, la France se trouverait replacée vis-à-vis des mêmes difficultés qu'aujourd'hui. »

Nous ne connaissons déjà que trop cette autre objection ; car ceux qui la feront, sont les mêmes qui, chaque jour, s'en vont jetant à la multitude ces paroles imprudentes :

« La situation n'est plus tolérable, il faut en finir à tout prix. — Remettons tout en question, point de demi-mesure. — Encore une crise, il le faut ; cette crise sera probablement cruelle, mais elle sera la dernière, et il en sortira pour le pays quelque chose de stable et de définitif. »

Ces paroles sont imprudentes, avons-nous dit ; elles sont plus que cela, elles sont coupables parce qu'elles entretiennent l'agitation et l'anxiété au sein du pays ; elles seraient insensées si on ne les savait suggérées par l'aveugle esprit de parti.

Nous l'avons dit, et nous ne saurions trop le répéter : si nous voulons à tout prix en finir avec ce qui existe, c'est avec nous-mêmes que nous risquons d'en finir, et si nous mettons tout en question, peut-être mettrons-nous en question la société elle-même. Qu'on y prenne donc garde ; là est l'écueil qu'il s'agit d'éviter.

Il nous faut une crise, une crise suprême !... Mais est-ce donc bien nécessaire ? N'est-il aucun moyen de nous l'épargner ? Et puis, après cette crise, que nous donnera-t-on ? En échange du nouveau sacrifice que ferait la France de son repos, de son crédit, de son bien-être, obtiendrait-elle une situation durable et heureuse, seule compensation qu'elle puisse admettre à l'étendue du sacrifice qui lui est demandé ? Ceux qui la bercent ainsi d'illusions, ont-ils par devers eux les moyens de réparer le mal qu'ils lui auront fait ?

La France en doute, et c'est fort heureux pour elle ; elle en doute, car elle est devenue méfiante et incrédule à l'endroit des assurances de bonheur que lui donnent les partis, et plus indifférente encore à leurs chicanes et à leurs tracasseries. Elle sait par expérience qu'elle n'a rien à gagner et qu'elle a tout à perdre dans l'agitation des masses ; elle sait ce qu'une révolution lui coûte de larmes et de sang, et elle en est encore à attendre la réalisation des brillantes promesses qui lui furent si souvent faites. Aussi veut-elle aujourd'hui du positif et du certain. D'ailleurs, ne porte-t-elle pas au cœur une blessure que la main du temps n'a pas fermée, et comment veut-on qu'ayant tant de peine à guérir cette blessure de si fraîche date, elle ajoute foi aux discours de ceux qui affirment que sur le lit de roses qu'ils lui préparent, elle aurait bientôt oublié et ses douleurs présentes et les tourments par lesquels il lui faudrait de nouveau passer ? En vérité, c'est trop lui demander.

Pour rendre toute notre pensée, nous dirons que la France en est venue à ce point de positivisme raisonné, qu'elle est bien déterminée à traiter désormais les affaires politiques qui lui seront proposées, comme un commerçant traite une affaire de négoce, c'est-à-dire qu'elle donnera toujours la préférence à celles qui lui paraîtront présenter, dans le plus court délai possible, le moins de chances de perte et le plus de chances de bénéfice, et qu'elle rejettera invariablement toutes celles qui lui sembleront de nature à compromettre son temps, son argent, son industrie, son commerce, en un mot tout ce qui la fait vivre. Ceci passera peut-être pour du matérialisme ; nous appelons, nous, ce parti-pris, la mise en pratique des règles de la plus vulgaire prudence.

Ces dispositions de l'esprit du pays, que nous croyons avoir fidèlement interprétées, ont-elles été le moins du monde comprises par ceux qui viennent lui proposer d'entrer de gaieté de cœur dans une nouvelle crise politique, et de refuser inexorablement son assentiment à toute solution qui n'aura pas été passée à la rude épreuve du creuset révolutionnaire? Il est permis d'en douter.

Non, les hommes dont nous parlons ne comprennent ni les nécessités du présent, ni les incertitudes de l'avenir; car s'ils prenaient la peine d'observer la situation autrement qu'à travers le prisme toujours menteur des préventions de l'esprit de parti, ils pourraient faire ce qu'ils n'ont pas fait jusqu'ici, ils pourraient examiner d'un regard impartial les inextricables complications que présentent les diverses solutions proposées, et cet examen consciencieux les conduirait à reconnaître cette double vérité :

1° Que dans les circonstances actuelles, toute solution qui ne tend pas à la prolongation des pouvoirs du président de la République, est purement et simplement IMPOSSIBLE.

2° Que, par suite, la solution qui tend à cette réélection, doit être tenue non-seulement pour la meilleure, mais encore pour la solution NÉCESSAIRE.

C'est ce que nous allons nous efforcer de démontrer.

Pour cela, nous voulons prendre la question de plus haut : nous voulons interroger un passé que trop de gens oublient, bien qu'il soit encore près de nous, et demander aux électeurs du 10 décembre quelle fut la signification de leur vote pour M. Louis-Napoléon Bonaparte. Puis, ce premier point constaté, nous rattacherons à la première élection la réélection qui fait l'objet de la solution dont nous nous occupons, et nous rechercherons si les motifs qui déterminèrent le premier vote de la France ne se présentent pas aujourd'hui pour lui commander impérieusement de continuer l'œuvre commencée, sous peine d'en perdre tout le fruit. De ce parallèle établi entre deux situations, qui, à notre avis, sont absolument identiques, jaillira la preuve de la proposition que nous venons d'établir.

Le 10 décembre, six millions d'électeurs, appartenant à toutes les nuances de l'opinion, donnaient la présidence de la République à M. Louis-Napoléon Bonaparte, que l'exil avait tenu loin de la France depuis ses premières années, et qui, arrivant à peine de l'étranger, était personnellement peu connu dans notre pays.

Ces six millions d'électeurs, en nommant un président de la République, accordaient, par ce fait seul, une nouvelle consécration à l'institution républicaine elle-même. La déduction est logique, on voudra bien nous le concéder.

Pourquoi donc n'ont-ils pas voté pour M. Cavaignac, qui occupait alors le pouvoir, dont la popularité avait tout récemment touché aux limites de l'enthousiasme, qui avait donné au pays les gages les moins équivoques de son dévouement à l'ordre, qui avait vaincu la plus formidable des insurrections avec cette glorieuse épée qu'illustra notre guerre africaine ?

Ne devaient-il pas, d'après le cours ordinaire des choses, juger préférable de donner la présidence à M. Cavaignac, aux mains de qui cette nouvelle attribution de pouvoirs passait sans secousse aucune dans les régions de l'administration du pays?

Les électeurs du dix décembre, qui votèrent pour M. L.-N. Bonaparte, furent conduits à lui donner cette préférence sur l'honorable général Cavaignac par les raisons qui vont être rappelées :

Ils reconnaissaient la nécessité de demeurer en République, mais ils craignaient d'être gouvernés républicainement ; cette contradiction n'est qu'apparente, on va le voir.

Pour eux, la République était une nécessité, parce que la révolution du 24 Février, en ébranlant la France jusques au fond de ses entrailles, avait fait monter des bas-fonds de la société à sa surface les récriminations du prolétariat contre la bourgeoisie, désormais mises à l'ordre du jour de l'opinion, comme le furent après 1789 celles de la bourgeoisie elle-même contre la noblesse, récriminations enhardies et en quelque sorte légalisées par la proclamation de la République, soutenues par le nombre, qui avaient conquis le droit d'être entendues et discutées, et auxquelles dès-lors il eût été insensé d'enlever la première et la plus chère des satisfactions auxquelles elles prétendaient, celle du gouvernement du droit commun. En d'autres termes, le volcan populaire fumait encore, et l'on comprenait que pour vouloir en recouvrir le cratère d'un manteau royal, loin de parvenir à le fermer, on en provoquerait une subite et immense explosion. Il fallait donc vivre avec le volcan, sous peine d'être écrasé par lui. Voilà pourquoi les électeurs du 10 décembre jugeaient nécessaire de maintenir l'institution républicaine.

Mais, d'autre part, les huit mois de République qu'on avait traversés avaient été onéreux pour le pays en même temps qu'ils avaient montré le parti républicain complétement indiscipliné, tiraillé en tous sens par des chefs nombreux et divisés de vues et d'intentions. Les journées de juin avaient-elles été autre chose qu'une violente protestation républicaine contre le gouvernement républicain issu de la révolution de Février? M. Cavaignac, dont la dictature avait été substituée au Gouvernement provisoire, n'était-il pas appelé par certaines fractions de son parti, l'oppresseur de la République, le bourreau du peuple ? Où s'arrêteraient ces agitations commencées en mars, continuées en avril et en mai, et répétées d'une manière si terrible dans le mois de juin ? Quelle main saurait les contenir? Telles étaient les craintes du pays.

Cette nécessité reconnue de ménager les susceptibilités républicaines, jointe aux craintes que nous venons de rappeler, fit naître pour les électeurs du 10 décembre le besoin de trouver, pour lui confier les rênes de l'Etat, un homme dont le nom fût sur notre scène politique l'expression d'une parfaite neutralité entre les partis, et en même temps une garantie d'ordre et de sécurité pour tout le monde.

Sans doute, nous venons de le dire, on avait l'ordre sous l'intelligente dictature de M. Cavaignac, mais ce n'était que l'ordre matériel, ce n'était pas l'ordre moral, c'est-à-dire celui qui n'est dans la rue que parce qu'il existe dans le cerveau du peuple, celui qui, naissant de la sécurité et de la confiance générales, est par cela même le résultat de l'équilibre des partis tenus en respect par une autorité neutre et forte précisément parce qu'elle est neutre. On n'avait pas l'ordre, n'hésitons pas à le dire, parce que, gouvernée par l'honorable général Cavaignac, la France se sentait gouvernée par un parti, même par la fraction d'un parti, et qu'elle voulait diamétralement le contraire, pensant qu'elle ne retrouverait les conditions normales de son existence que sous l'administration d'un homme qui ne serait au contraire la personnification d'aucun des partis qui nous divisaient. Que cet homme fût trouvé, et l'on se hâterait de signer autour de l'urne du 10 décembre une sorte de transaction dans laquelle il remplirait le rôle de conciliateur, et qui, en le faisant arriver au pouvoir, lui assurerait le loyal concours de tous les hommes de bonne foi, à quelque parti qu'ils appartinssent; qu'il fût trouvé, et il aurait pour électeurs tous les légitimistes, tous les orléanistes, et, parmi les républicains, ceux qui ne seraient pas engagés envers M. Cavaignac par un dévouement personnel ou même par des considérations de position, et ceux qu'effrayaient les opinions trop avancées de M. Ledru-Rollin, le candidat du socialisme pour la présidence.

L'homme de conciliation et de transaction que la France cherchait, et qu'elle adopta, fut M. Louis-Napoléon Bonaparte, à qui six millions de voix décernèrent les honneurs de la première magistrature du pays, et si l'on veut bien se rappeler sans prévention la situation des esprits à cette époque du 10 décembre, il ne saurait être douteux que M. Louis-Napoléon Bonaparte réunissait d'une manière tout exceptionnelle les conditions du grand rôle qu'on lui destinait.

Il portait un nom cher à la France, un nom illustre parmi les plus grands, un nom qui signifiait ordre, autorité, puissance, gloire et génie: il portait le nom de l'empereur Napoléon. Sans doute, le génie est personnel, disait-on; mais si noblesse oblige, pourquoi le génie, la première de toutes les noblesses, n'obligerait-il pas aussi? Pourquoi les noms qu'il fit resplendir de sa lumineuse auréole ne seraient-ils pas, eux aussi, pour ceux qui les portent, le souvenir incessant d'une dette à acquitter envers leur pays ? On se rappelait d'ailleurs avec une sorte d'intérêt bienveillant la jeunesse du prince Louis, ses écrits, ses actes, même sa bouillante témérité. Dans ses livres, on voyait percer cette idée fixe du neveu de l'empereur, que de grandes destinées lui étaient à accomplir pour le bien du peuple dont son oncle fut le législateur, et on aimait à lire le programme du futur chef de l'Etat dans des écrits où l'élévation de la pensée se mariait à la générosité du sentiment. Quant à ses téméraires tentatives, on ne pouvait y voir que des faits isolés qu'expliquait cette idée fixe que tout à l'heure nous mettions en relief, et sous l'empire de laquelle il avait pu vouloir courir au devant de son sort. Sans partager toutes les illusions du jeune homme, on lui savait gré d'y puiser du dévouement pour la France, et l'on croyait pouvoir compter sur les efforts qu'il ferait pour se rendre digne de la haute confiance que le pays lui accordait. La critique ne lui fit pas défaut : elle emprunta au pamphlet sa verve caustique, à la médisance ses traits les plus acérés, à la personnalité toute sa crudité. Rien n'y fit. M. Louis Bonaparte, revenant de l'exil, apparaissait à tous les yeux comme une sorte d'intervention providentielle au milieu de nos discordes civiles, et l'arrêt qui le mettait à la tête des affaires du pays fut solennellement prononcé le 10 décembre.

Telle fut donc la portée du vote du 10 décembre. Il exprima la nécessité pour tous les partis de demeurer sur le terrain neutre de la République et d'y raffermir le pourvoir en le plaçant dans des mains neutres et fermes.

Ce que se promettaient les électeurs du 10 décembre en votant comme ils l'ont fait, l'ont-ils obtenu? Laissons de côté l'appréciation politique du Gouvernement de M. Louis Bonaparte, qui n'a que faire ici, et ne mentionnons que des faits matériels et incontestables :

Les effets publics ont de plus en plus haussé; — les dépôts dans les caisses d'épargnes se sont considérablement accrus ; — les importations de matières premières et les exportations de produits manufacturés sont devenues de jour en jour plus actives; — le nombre des patentés s'est augmenté d'une manière notable; — les recettes des chemins de fer se sont progressivement élevées; — le nombre des mutations immobilières a augmenté en même temps que diminuaient les expropriations forcées; — enfin, et pour ne parler que des six premiers mois de l'année courante, une augmentation de 25 millions sur les évaluations du budget a été constatée, et elle sera de 40 millions pour l'année entière, si, comme il est permis de l'espérer, la progression continue.

Mais ce n'est pas tout, car si l'ordre et la paix ont ranimé le travail, les transactions et la consommation, ceux-ci ont à leur tour rempli les coffres de l'Etat et permis au Gouvernement de dégrever la propriété territoriale de 33 millions, dont 27 millions sur l'impôt foncier et 6 sur les emprunts hypothécaires. C'est là un fait officiel dont il est permis à chacun de contrôler la vérité, en jetant les yeux sur le budget qui vient d'être voté.

Et pourtant, qu'on veuille bien se rappeler, pour ne pas remonter plus loin, combien, au début de l'Assemblée législative, notre situation financière apparaissait triste et inquiétante aux yeux les plus exercés. Alors il paraissait de toute impossibilité de faire marcher notre machine gouvernementale, si, d'une part, on ne se mettait en mesure d'inscrire un nouvel emprunt de 200 millions sur le grand livre de la dette publique; si, d'un autre côté, des obligations sans échéance déterminée n'étaient émises pour l'exécution des travaux extraordinaires; si enfin on ne recourait à la création d'un impôt sur le revenu. Eh bien ! de tout cela rien n'a été fait, et la situation a pu être traversée avec les seules ressources du pays s'accroissant chaque jour sous l'empire bienfaisant de l'ordre et de la paix. Il y a même plus : le gouvernement de M. Bonaparte a pu tout dernièrement lever le cours forcé des billets de banque et donner par là au pays un gage certain de sa sécurité dans le présent et de sa confiance dans l'avenir.

Les choses étant ainsi, nous demandons si les électeurs du 10 décembre ne se trouvent pas placés aujourd'hui vis-à-vis des mêmes motifs qui déterminèrent leur premier vote en faveur de M. L.-N. Bonaparte, et si, en ne prolongeant pas ses pouvoirs présidentiels, ils ne s'exposeraient pas à perdre les bénéfices de ce premier vote.

L'un de ces électeurs (qu'on nous permette cette digression), à qui nous demandions son opinion sur la solution que nous discutons, nous répondit par une comparaison qui exprime trop nettement notre pensée pour que nous résistions au désir de la reproduire ici :

« Un vaisseau, nous dit-il, naviguait à pleines voiles au milieu des mers; soudain la foudre gronde, éclate et lui fait au flanc une large ouverture. Le vaisseau va sombrer... mais les passagers, excités par le sentiment commun de leur conservation, se mettent à l'œuvre, et bientôt ils ont construit un radeau qui, surmontant tous les obstacles, les fait s'avancer peu à peu vers le rivage désiré. Déjà ils ont de leurs cris d'allégresse salué la terre, dans quelques instants ils toucheront au port où les attendent le repos et le bien-être...

« Que dirait-on, poursuivit l'électeur du 10 décembre, de naufragés qui, dans cette situation, avant d'être sauvés, en vue du port de salut, se prendraient à briser leur radeau ? On les traiterait d'insensés et l'on aurait raison.

« Or, prenons garde de mériter le même reproche, ajouta-t-il ; car le vaisseau dont je viens de parler, c'est la France ; la foudre, c'est la subite révolution de Février ; les passagers travaillant à leur salut commun, ce sont les électeurs du 10 décembre ; leur radeau, c'est l'élection de M. Louis-Napoléon Bonaparte ; le port qui déjà est en vue, c'est la confiance qui renaît, c'est le crédit qui se relève, ce sont les affaires qui reprennent.

« Les électeurs du 10 décembre, dit-il en terminant, s'ils ne prolongeaient pas les pouvoirs du président de la République, ne feraient pas autre chose que briser leur radeau en vue du port. Dieu veuille ne pas leur inspirer cette funeste résolution ! »

Ce langage est, à notre avis, de la plus rigoureuse exactitude, et fait apercevoir la situation d'une manière saisissante.

Reprenant maintenant la discussion où nous l'avons laissée, voyons si aujourd'hui, comme à l'époque du 10 décembre, la France n'est pas acculée contre cette double nécessité que nous avons rappelée, de se maintenir sur le terrain du droit commun qui est celui de la République, et d'y raffermir le pouvoir en le confiant à des mains neutres. Pour nous, si la situation a changé, c'est en s'aggravant, et voici comment :

Les monarchistes qui, dès la Révolution de Février, réclamaient pour eux le bénéfice du droit commun et aimaient à se parer du titre de républicains du lendemain, qui s'indignaient contre l'ostracisme politique que l'on voulait faire subir à ceux d'entre eux qui briguaient alors l'honneur de la représentation nationale ; qui, le 4 mai, acclamaient la République d'une voix unamime; qui, le 10 décembre, n'avaient encore sur les lèvres que des paroles d'union et de conciliation, les monarchistes, disons-nous, et surtout les légitimistes, ont aujourd'hui levé le masque, qu'on nous permette de dire ainsi, et posent clairement et nettement devant le pays leur prétention de renverser la République pour revenir à la monarchie.

De là il est advenu que la résistance s'est accrue de toute la force de l'attaque, c'est-à-dire que le parti républicain attaqué non dans le pouvoir qu'il n'a plus, mais dans son principe même, a relevé le gant qui lui était jeté, et accepté avec toutes ses sinistres conséquences le débat de cette question de vie ou de mort de la République, soulevée par les partis monarchiques.

D'un autre côté, si les partis monarchiques ont fait cause commune pour lutter de concert contre la Révolution de Février, la cause de cette temporaire alliance, loin de rapprocher les deux bords de l'abîme qui sépare leurs prétentions respectives, n'a fait, au contraire, que le creuser davantage, précisément parce que la proscription ayant fait leurs candidats égaux devant le pays, la préférence qu'il pourrait accorder à celui-ci sur celui-là leur paraît devoir être le prix de leur rivalité, le prix de leurs énergiques efforts pour conquérir cette primauté.

D'autre part encore, entre les divers partis militants s'est formé le parti que l'on peut appeler celui des républicains conservateurs ou de raison, parti considérable composé de tous les hommes des yeux de qui est tombé le bandeau des illusions politiques ; qui trouvent prudent de mettre le certain avant l'incertain ; qui, aux assurances des partis, répondent par le fameux *Timeo Danaos et dona ferentes ;* qui applaudissant chaque jour au retour de l'ordre et de la paix, et appréciant leurs heureux effets sur le pays, ne comprennent pas la nécessité d'une nouvelle secousse qui arrêterait infailliblement notre agriculture, notre commerce et notre industrie dans l'essor qu'ils leur voient prendre. Les hommes de ce parti appartiennent à tous les rangs, à toutes les conditions : on y compte des bourgeois, des propriétaires, des manufacturiers, des négociants, des ouvriers, des employés, des hommes de plume, des travailleurs de tous les genres, qui jouissent du fruit d'un long labeur ou vivent de leur travail quotidien. Ces hommes veulent conserver ce qui existe, non parce que c'est la République, mais parce que c'est un ordre de choses établi dont l'impossibilité ne leur est pas démontrée. On les appelle le parti de la peur ; ils s'en consolent en pensant que leur peur est fondée sur la raison et sur l'intérêt du pays. Ce parti serait un concours considérable apporté à la défense de la République contre toute prétention contraire, quelle qu'elle fût.

Cette attitude menaçante de nos partis, le rendez-vous solennel qu'ils se sont donné sur le terrain électoral de 1852, la résistance organisée du droit commun contre l'exception, de la République contre la monarchie, la vieille et irréconciliable inimitié des adversaires mêmes de la République, le parti-pris par les conservateurs de défendre énergiquement l'ordre établi, s'il vient à être attaqué, telles sont les sérieuses raisons qui nous font dire que la situation des esprits s'est aggravée depuis le vote du 10 décembre, puisqu'à cette époque du moins tout le monde était d'accord sur le maintien de la République, et que le seul but que l'on se proposât était de défendre la République contre ses propres excès. Si donc, le 10 décembre, avec une situation moins compliquée, on jugea prudent de ne pas déserter le terrain républicain autour duquel apparaissait béant le gouffre des révolutions, à plus forte raison cette mesure de haute prudence doit-elle paraître nécessaire aujourd'hui que les prétentions des partis se sont dessinées d'une manière aussi effrayante.

Ce premier point reconnu, à qui confier la présidence? Serait-ce au parti républicain lui-même? La chose nous paraît peu praticable, et nous allons nous expliquer avec franchise.

« Le moment n'est pas venu pour nous d'occuper le pouvoir, » a dit M. de Flotte dans son discours de début à la tribune. Ces paroles sont vraies, elles furent courageuses, et si elles ont pu coûter à M. de Flotte une partie de sa popularité, elles lui ont valu quelque chose de plus précieux, selon nous, le sentiment du devoir rempli, la satisfaction d'avoir fait entendre à ses amis un utile enseignement. Mais ce que l'orateur socialiste n'a peut-être voulu dire que de la fraction du parti républicain à laquelle il appartient, nous paraît généralement vrai et devoir être appliqué au parti tout entier.

Rappelons-nous, en effet, ce que fut le parti républicain sous le dernier régime, constatons le peu de progrès qu'il a fait au point de vue de l'accord des esprits sur l'application du dogme communément professé, et nous verrons apparaître d'eux-mêmes les dangers d'une élection qui demain ou dans un an donnerait le pouvoir à un organe de ce parti.

Avant Février 1848, on pouvait diviser le parti républicain en trois catégories d'hommes : les hommes d'action, les hommes de doctrine, les journalistes.

Les premiers étaient l'instrument de la volonté des autres. A eux incombait l'œuvre matérielle d'une révolution, la bataille de la rue ; ils ont en Février rempli leur tâche.

Les hommes de doctrine ne s'entendaient pas entre eux ; celui-ci professait le communisme, celui-là voulait tout réduire au niveau de la doctrine phalanstérienne ; puis venait un autre qui condamnait les deux premiers systèmes et préconisait celui dont il était l'inventeur ; chacun avait sa solution qu'il appelait la seule bonne ; dès-lors, point de vues unanimes, point de bases convenues à l'avance, point de programme arrêté, rien, en un mot, de ce qui réglemente un principe et lui assure une application immédiate.

Dans la sphère du journalisme, on ne s'entendait pas davantage, et nous avons tous gardé le souvenir des vives attaques que se livraient, aux derniers jours de la monarchie, les feuilles les plus sérieuses du parti.

Cette zizanie a-t-elle cessé après la révolution de Février ? La discorde intestine s'est-elle enfuie devant la soudaine fortune du parti ? Les républicains sont-ils aujourd'hui moins divisés, moins indisciplinés qu'alors ? Ont-ils plus qu'alors des solutions pratiques, des systèmes arrêtés ? Se sont-ils même définitivement entendus sur la forme à donner au gouvernement de la République ? Malheureusement non.

Nous avons vu quelques hommes s'essayer au rude apprentissage du pouvoir et s'y user bientôt devant le pays et même aux yeux des nombreuses fractions de leur parti; les journées de juin, nous l'avons dit, furent une protestation qui se disait républicaine contre le Gouvernement provisoire. Nous avons vu les théories sociales de M. Louis Blanc vivement combattues par des hommes éminents parmi ses coréligionnaires politiques. Nous avons vu, au moment de la discussion de la Constitution, les républicains se scinder en deux camps, les uns voulant la présidence, les autres prétendant qu'il fallait mettre le pouvoir exécutif aux seules mains de l'Assemblée nationale. Nous avons connu le communisme avec M. Cabet, le phalanstère avec M. Considérant, la triade avec M. Pierre Leroux, *l'an-archie* avec M. Proudhon, le socialisme avec cinquante autres qui lui donnaient chacun une signification différente; et à l'heure où nous écrivons ces pages, le détroit qui nous sépare de l'Angleterre n'est-il pas comme une ligne de démarcation fortement tracée entre les schismes les plus opposés du dogme républicain, et même au-delà de la Manche, la discorde n'est-elle pas au camp des *proscrits*? La presse, à son tour, n'a pas cessé d'être nuancée de couleurs comme par le passé, et la ligne politique de tel journal républicain n'est certainement pas à beaucoup près celle de tel autre journal. Enfin, et sur les bancs mêmes de l'Assemblée nationale, nous trouvons aujourd'hui le parti républicain nettement divisé en deux fractions, dont l'une se dit constitutionnelle ou modérée, et dont l'autre s'intitule socialiste ou la Montagne, sans parler des nuances intermédiaires.

De cet antagonisme qui de l'idée passe toujours dans les actes, résulte, pour le moment du moins, l'impossibilité de trouver dans le parti républicain un candidat qui soit la franche

expression des tendances politiques de ce parti, et qui, à peine
au pouvoir, n'y devienne pas, au contraire, le point de mire de
la plus véhémente opposition.

En effet, nommerez-vous M. Cavaignac, l'une des grandes
figures de ce temps-ci, l'un des hommes les plus purs, en
même temps qu'il est sans contredit le plus considérable du
parti républicain. Vous verrez aussitôt se lever systématique-
ment contre lui et les hommes qui conseillèrent ou approuvèrent
les barricades de juin, et tous ceux qui, le 10 décembre, votèrent pour M. Ledru-Rollin ou pour M. Bonaparte.

Nommerez-vous M. Ledru-Rollin? Il lui faudra lutter sans
cesse avec une opposition composée des hommes modérés du
parti, et, dans certaines circonstances, de ceux qui lui repro-
cheront de ne pas aller assez vite ni assez loin, reproche qui
lui fut adressé à l'époque où il était au pouvoir.

Nommerez-vous un socialiste, connu pour appartenir à l'o-
pinion la plus avancée de cette fraction du parti? Nous nous
arrêtons, et nous bornons à rappeler ici les paroles de M. de
Flotte.

Maintenant si aux dangers de cette contradiction intestine
que nous venons de signaler, on ajoute ceux de la contradiction inévitable des autres partis, on est forcé de reconnaître
qu'il n'est, à cette heure, aucun nom dans le parti républicain
qui présente à la France assez de garanties pour qu'elle se
détermine à le substituer au nom de transaction qu'elle a fait
sortir du scrutin du 10 décembre.

Cherchons, en second lieu, un président en dehors du parti
républicain : où le trouver ?

Nommera-t-on, s'il y consentait, M. le comte de Chambord ? Nommera-t-on le prince de Joinville ? Nommera-t-on

des hommes qui, comme publicistes, hommes d'État ou chefs militaires, ont donné des gages de leur dévouement à l'un ou à l'autre de nos deux derniers gouvernements monarchiques?

Il suffit, ce nous semble, d'indiquer ces diverses hypothèses pour faire comprendre que le jour où l'une d'elles viendrait à se réaliser, nous aurions imprudemment lacéré l'acte de cette transaction dont nous parlions tout à l'heure, signé par les électeurs autour de l'urne du 10 décembre, que ce jour là, pour rappeler une ingénieuse expression, nous aurions follement brisé « la planche de salut jetée sur l'abîme des révolutions. »

Figurons-nous, en effet, le parti républicain tout entier se levant comme un seul homme, criant à la fiction, au subterfuge, à la trahison, et dirigeant ses attaques les plus violentes contre un pouvoir suspect, pour qui la présidence de la République ne serait que le piédestal préparé à une prochaine restauration monarchique. D'un autre côté, représentons-nous le parti monarchique vaincu par le rejet de son candidat, exhalant ses regrets, ses plaintes, sa haineuse rancune contre le préféré de la faveur populaire, et organisant contre son gouvernement une ligue systématique avec toutes les nuances de l'opposition. Et la situation étant ainsi indiquée, que deviendraient le Gouvernement et le pays, le Gouvernement harcelé et balloté par des ennemis nombreux et acharnés, et perdant à se défendre le temps qu'il devrait consacrer aux affaires publiques ; le pays, en proie à l'inquiétude que lui inspirerait ce douloureux spectacle, et resserrant de plus en plus ses capitaux, cette source où s'alimentent son commerce et son industrie? L'orage serait-il loin d'éclater? Une révolution ne serait-elle pas imminente, et cette révolution, où nous conduirait-elle ?

De ce qui précède, concluons donc que la première solution proposée, celle qui consiste purement et simplement à exécuter la lettre de la Constitution, c'est-à-dire à élire un nouveau président de la République, doit paraître, pour le moment, inacceptable à quiconque aime sincèrement son pays et en fait passer le bien-être avant les considérations des partis.

Cela étant reconnu, nous arrivons à la solution qui tend à mettre en question l'existence de la République et à demander à la France son option entre celle-ci et la monarchie.

Ici la scène s'élargit et notre œil a peine à en sonder la sombre profondeur.

D'abord, de deux choses l'une : ou la question sera abandonnée à la sagacité des électeurs de 1852, qui la résoudront comme ils le pourront, sans règlementation préalable de l'objet du vote.

Ou bien la constitution révisée d'ici à cette époque, ainsi que nous en avons déjà exprimé le vœu, aura déterminé d'une manière précise les termes de la question à résoudre.

Raisonnons dans les deux suppositions.

Quant à la première, que n'ont pu rêver que les esprits les moins prévoyants et les plus abusés, quelle confusion ! et de cette confusion, que pourrait-il sortir, si ce n'est un résultat qu'il serait impossible de constater ?

Voit-on ce pêle-mêle d'électeurs livrés à eux-mêmes, votant l'un pour la République démocratique, l'autre pour la République démocratique et sociale, celui-ci pour une nouvelle convention, celui-là pour un autre directoire ou pour la dictature de M. Ledru-Rollin ou de M. Barbès ? Voit-on, en opposition à ces votes déjà si variés, d'autres votes non moins différents les uns des autres, et par lesquels on demanderait la monarchie avec le comte de Chambord, la monarchie avec le comte de Paris, la régence de ce dernier prince avec M. le duc de Nemours ou avec Madame la duchesse d'Orléans ? Puis encore la prétention de ceux qui voudraient de la monarchie avec M. de Joinville, ou de la République avec sa présidence, sans parler de ceux qui se placeraient dans l'une ou l'autre alternative en faisant porter leur choix sur les ducs de Nemours et d'Aumale, ou sur le prince de Montpensier ? Enfin, ne se trouverait-il pas des électeurs faisant nombre aussi, et dont le bulletin concluerait à la présidence à vie, au Consulat à vie ou à l'Empire, en faveur de M. Louis-Napoléon Bonaparte ?

Cette première hypothèse est donc plus que puérile, elle est insensée, et nous ne l'avons mentionnée que pour obéir à la résolution que nous nous sommes imposée, d'aller, autant que nous le permettrait notre prévision, au devant de toutes les objections qui pourraient nous être faites, raisonnables ou non.

La seconde hypothèse, pour être plus spécieuse, ne présente qu'un plus grand danger.

Nous commencerons par faire bon marché d'une difficulté devant laquelle la prudence commanderait pourtant de s'arrêter, et en supposant tout d'abord la révision effectuée dans le sens dont il s'agit, en supposant les électeurs déjà réunis autour du scrutin de 1852 pour exprimer leur option entre la République et la monarchie, nous voulons ne parler que pour mémoire et de l'agitation du pays, de sa vive anxiété, de son malaise profond depuis la déclaration de l'Assemblée législative jusqu'au jour de l'appel au peuple, et de l'attitude du parti républicain se préparant à une lutte désespérée pour sauver son drapeau déjà déchiré par le vote de l'Assemblée, ou peut-être même n'attendant pas le résultat du scrutin décisif pour venger la Constitution d'une atteinte portée à des droits contre lesquels il n'admet aucun droit. — Nous ne faisons donc que mentionner ce premier et grave obstacle, et, poursuivant la route tracée par le vote hypothétique de l'Assemblée législative, nous nous trouvons aussitôt face à face avec l'alternative suivante, que nous allons discuter :

La France se prononcera pour la République ou elle optera pour la monarchie.

Si c'est pour la République qu'elle opine, si elle se montre assez amie de son repos et de son intérêt pour ne vouloir pas ressembler à un propriétaire qui, ne trouvant jamais sa maison assez commode, la ferait, à tout bout de champ, jeter à terre, nous aurons gratuitement fait subir au pays les conséquences d'un inutile conflit d'opinions, c'est-à-dire la suppression du crédit et la suspension des affaires.

Si, au contraire, la France se déclare pour la substitution du régime monarchique au régime républicain, de nouveaux embarras se présentent.

Pour quelle monarchie, pour quel roi la nation aura-t-elle voté ?

Sera-ce pour le comte de Chambord ?

Sera-ce pour le comte de Paris ?

Il faudra donc que la nation fasse connaître par un second vote son vœu sur ce second point.

Mais nous oublions que nous avons aussi dans notre garde-meuble national une impériale couronne que bien des gens

voudraient voir placée sur la tête de M. Louis-Napoléon Bonaparte. Il faudra donc encore aviser à ce sujet, et faire entrer
cette autre éventualité en ligne de compte dans le deuxième
programme des appréciations populaires.

Enfin, nous voulons aller vite en besogne, et ici encore
nous ne faisons qu'indiquer à longs traits la situation belli-
gérante du parti républicain vaincu, mais non terrassé, par
le vote national, qu'à tort ou à raison il met, on le sait, au
dessous de la République, et le désappointement du parti ou
des partis monarchiques également trompés dans leur attente,
et l'imposante alliance de tous ces partis mécontents, réunissant leurs efforts contre l'ennemi commun, sauf à se déchirer
ensuite les uns les autres. Encore une fois, nous voulons
nous hâter d'arriver au fond de l'impasse, et nous supposons
encore que le pays se soit prononcé entre les divers candidats de la monarchie.

Est-ce tout ? Sommes-nous au bout de la voie douloureuse
que nous parcourons ? Pas encore.

Si M. de Chambord l'emporte, à quelles conditions le pays
lui aura-t-il donné la préférence ? Le pays aura-t-il voulu res-
susciter l'ancien régime monarchique, celui du bon vieux
temps, ainsi que quelques-uns s'en flattent en secret ? ou bien,
reviendrons-nous aux pâles essais constitutionnels sous lesquels le gouvernement de la restauration cachait mal son re-
culement vers les idées qui avaient cours avant 1789 ? ou bien
encore, ne faudra-t-il pas nous donner quelque chose qui fasse
la part des idées nouvelles et des faits accomplis, un nous ne
savons quoi qui tienne un raisonnable milieu entre ce qui a
été, ce qui est et ce qui doit être ?

D'un autre côté, si la branche cadette de la maison de Bourbon a le dessus, quel sera le chef de l'Etat, et dans quelles eaux nouvelles conviendra-t-il de diriger la barque échouée en Février 1848 ?

Le chef de l'État sera-t-il M. le comte de Paris placé sous la régence de M. de Nemours, qui a pour lui une disposition législative? De Madame la duchesse d'Orléans, en faveur de qui militent son dévouement maternel, ses qualités privées, et quelques-uns disent l'impopularité de son beau-frère de Nemours ? De M. de Joinville, que la facilité de son caractère, sa réputation de bravoure et ses services dans notre marine, ont rendu sympathique à la multitude?

Le chef de l'État ne sera-t-il pas M. de Joinville lui-même, pour qui une certaine fraction de l'opinion cherche à aplanir le sentier qui le conduirait à la présidence ?

Quant au système de gouvernement à suivre, quel sera-t-il ?

Le pays trouvera-t-il désormais des garanties suffisantes dans la Charte de 1830 ? Ne se souviendra-t-il pas, pour en demander la réalisation, de la généreuse pensée de conciliation qu'exprimait Lafayette lorsque, du balcon de l'Hôtel-de-Ville, tenant par la main le duc d'Orléans, il criait à la foule frémissante : « Mes amis, voici la meilleure des Républiques!» Dans ce cas, quelles seront les moyens d'opérer cette conciliation ?

Enfin, si l'Empire venait à être l'objet du vœu de la majorité, sur quelles bases le reconstruirait-on ? A cette époque où le pays a soif de la paix et des améliorations progressives qui en découlent, autant qu'à une autre époque il avait les yeux fascinés par le brillant mirage de la gloire militaire, suffira-t-il donc de jeter sur sa misère un manteau où se lisent les noms de Marengo et d'Austerlitz ? Ne voudra-t-il pas, comme le disait l'empereur à Sainte-Hélène, qu'on lui donne en liberté ce qu'il lui avait lui-même donné en égalité? Et M. Louis-Napoléon Bonaparte n'a-t-il pas tout dernièrement proclamé la nécessité de conformer le gouvernement de la France à une politique qui résumerait et féconderait les grands principes nés de nos révolutions successives?

Un problème aussi compliqué que celui dont nous venons de montrer les faces multipliées est bien fait pour confondre l'esprit; car, telle est la nécessité que nous font les circonstances actuelles que rien de solide, rien de stable, rien de définitif, ne s'élèvera parmi nous, si nous ne le façonnons exclusivement à l'image de la volonté générale, toujours consultée et s'exprimant sur toutes choses.

Or, cela est-il possible en ce moment ? Ne serait-ce pas le comble de l'imprudence que de jeter de l'huile sur ce brasier ardent de la contendance des partis, à côté duquel il nous est déjà si difficile de nous maintenir?

Sans doute nous voudrions, nous aussi, et nous appelons de tous nos vœux, une solution irrévocable, qui mette fin à l'incertitude de notre situation, et qui, consacrée par le suffrage de tous, puisse résister, pour bien des années du moins, au flot révolutionnaire qui depuis trop longtemps sape les fondements de l'autorité dans notre malheureux pays. Mais, hélas ! sachons prendre le temps comme il vient ; enfants d'un siècle tourmenté par l'individualisme et qui n'a plus d'idoles que celle qu'il encense aujourd'hui pour la briser demain, ne nous croyons pas meilleurs que nous ne sommes. Regardons à nos pieds; la terre que nous foulons est volcanisée par la démocratie, et soixante années de secousses l'ont rendue mouvante. Pouvons-nous donc nous flatter d'y fonder à la hâte de solides établissements, alors surtout qu'hier elle tremblait encore jusqu'au fond de ses entrailles, et ne devons-nous pas nous estimer heureux de vivre au jour le jour, trop heureux de pouvoir nous assurer un lendemain ?...

Ce lendemain, ce sont pour nous, dans les circonstances actuelles, les quatre nouvelles années pendant lesquelles nous désirons que soient prolongés les pouvoirs présidentiels de M. Louis-Napoléon Bonaparte ; d'ici là, le pays avisera. Il réparera ses pertes et guérira sa blessure récente ; la raison est plus saine lorsque le cœur est plus content et le corps moins souffrant. Jusque-là, trêve générale et paix pour tous ! La France en a besoin ; elle le veut, elle l'exige.

Nous avons, d'ailleurs, tous à bénéficier à cet attermoiement consenti en faveur du repos public.

Les républicains pourront élaborer leurs doctrines, ramener à l'unité de dogme les divers schismes qui les divisent, et offrir à l'appréciation du pays un ensemble de solutions pratiques qui le détermine à persévérer dans le régime de la République. Ils seront plus forts quand ils auront persuadé, et le temps leur est nécessaire pour accomplir cette œuvre de persuasion.

A leur tour, les partisans de la monarchie, qui n'ont des espérances à fonder que sur l'impossibilité du maintien de la République, auront le pays tout entier pour eux le jour où il sera démontré à tous que le sol français est rebelle au développement du principe qui lui a été implanté en février 1848, et, d'un autre côté, le temps les aidant aussi à vider pacifiquement leur querelle particulière, ils obtiendront du pays, sans effort et sans conflit, un jugement plus élucidé sur la question de savoir lequel de leurs prétendants doit l'emporter.

Ainsi, d'un côté, bénéfice pour tout le monde ; de l'autre, perte et ruine pour tout le monde. Le choix ne saurait faire doute.

Au surplus (et ceci est consolant à penser), ce lieu de halte dans lequel nous conviendrions de nous reposer et d'attendre les événements, c'est le terrain du droit commun mis en en exercice, celui du gouvernement de tous par tous et pour tous. Eh bien ! puisque force nous est de nous y arrêter, ne demeurons pas inactifs, ne gaspillons pas dans de futiles discussions le temps, ce premier agent du progrès des nations civilisées ; mettons-nous à l'œuvre sérieusement, sans mauvais vouloir. Le terrain est neuf, mal étudié jusqu'ici ? étudions-le donc, efforçons-nous de le fertiliser, il n'en est point dont la persévérance humaine ne puisse tirer quelque chose. Que cette tâche soit la nôtre, et un jour viendra peut-être où il nous en coûtera de remettre encore le pied dans la lice des luttes gouvernementales, et de tout redemander aux éventualités. Est-ce un vœu que nous formons ? Peut-être ne serait-il pas le plus insensé ; et après tout, quoiqu'il advienne, si chacun de nos partis consentait à attendre son heure dans l'étude et le développement des améliorations et des réformes que réclame le pays, nous ne voyons pas ce que l'on aurait jamais à regretter à cela.

Concluons donc maintenant de tout ce qui précède que des diverses solutions proposées, qui ne tendent pas à la prolongation des pouvoirs de M. Louis-Napoléon Bonaparte, aucune n'est raisonnablement acceptable ; que dès-lors toutes sont *impossibles*, ainsi que nous le disions plus haut ; d'où cette conséquence forcée que la solution qui donne au contraire cette réélection doit être tenue par-là même, non-seulement pour la meilleure, mais encore pour la SOLUTION NÉCESSAIRE; c'est ce que nous nous estimerions heureux d'avoir démontré.

V

« Mais, nous dira-t-on, M. Louis-Napoléon Bonaparte n'est plus cet homme *neutre* que l'exil nous rendait en 1848. Depuis lors, il est devenu le chef d'un parti qui veut se perpétuer au pouvoir; et votre solution, donnant gain de cause à ce parti, n'est plus aussi conciliante qu'elle le fut au 10 décembre et que vous voulez bien le dire aujourd'hui. »

Nous n'avons pas mission d'interpréter la pensée de M. le président Louis Bonaparte; nous ne sommes pas de ses familiers, nous n'avons même pas l'honneur d'être connu de lui.

Mais nous sommes de ceux qui aiment à croire à la sincérité des professions de foi faites dans de solennelles circonstances. Or, M. Louis-Napoléon Bonaparte, il y a quelques jours à peine, s'en allait à travers le pays, affirmant avec l'accent de la loyauté qu'il ne voulait être et n'était que du parti de la France, et nous ajoutons foi à ce noble langage qui traduit notre propre sentiment.

D'ailleurs, de quel parti M. Louis-Napoléon Bonaparte se-

rait-il donc le chef? du parti bonapartiste? du parti impéria-
liste?

Quant au premier de ces deux partis, loin que nous devions
le redouter, désirons au contraire qu'il s'étende sur notre
territoire comme un vaste réseau, car nous le considérons
comme l'arche sainte où se réfugierait le patriotisme français
s'il venait à déserter nos cœurs. Ce parti a pour aliment le
souvenir d'une grande époque, le sentiment de l'honneur
national porté aussi haut que possible, une religieuse vé-
nération pour le nom de l'homme qui dota notre pays de
ses plus belles institutions; le culte du parti bonapartiste est
celui de la gloire de la France : puisse-t-il donc vivre aussi
longtemps que vivra la France !

L'Empire, nous l'avons dit et nous le répétons, est une
éventualité tout aussi irréalisable dans l'état actuel des choses
que celle de n'importe quelle restauration monarchique.

D'ailleurs, comment arriver aujourd'hui à relever les aigles
impériales ?

Il n'y a que deux moyens d'y parvenir : un coup d'État
ou le vœu national.

Nous ne croyons pas aux coups d'État, et nous n'y avons
jamais cru, même avant d'avoir entendu les protestations
formelles de M. Louis Bonaparte contre l'intention que quelques-uns lui prêtaient; nous n'y avons jamais cru, par la
simple raison que nous les avons toujours considérés comme
impossibles ?

Pour ce qui est du vœu national, si la nation se déci-
dait à faire M. Louis-Napoléon Bonaparte empereur, l'arrêt
qu'elle prononcerait serait une décision sans appel et nous
devrions l'accepter, car ce que déciderait la nation, c'est

vous et nous qui le déciderions ; ainsi le veut la logique du suffrage universel, qui est désormais la clef de voûte de notre ordre politique et social. Il en serait de même s'il plaisait à la nation de continuer à M. Louis Bonaparte ses pouvoirs pendant dix années au lieu de quatre, ou même pendant toute sa vie. Ni vous ni nous n'aurions à quereller une décision qui, dans ces nouvelles hypothèses, serait encore souveraine.

Maintenant, est-il vrai que M. Bonaparte tienne cachée dans son cœur cette secrète espérance de porter un jour la pourpre des Césars ? Nous l'ignorons et nous en préoccupons fort peu.

« Je veux être honnête homme, » a dit M. le président dans une circonstance récente. Ce sont là de belles paroles que la France entière a déjà recueillies et dont à son tour l'histoire tiendra compte à M. Louis Bonaparte. Elles doivent nous suffire pour le moment, parce qu'elles sont un engagement irrévocable pris devant le pays de ne rien faire que par lui et pour lui. Que pouvons-nous désirer de plus ? pourquoi nous battre sans cesse contre de vains fantômes ?

M. Louis Bonaparte veut, dit-on, conserver le pouvoir. Tant mieux, puisqu'il a déjà rétabli l'ordre parmi nous et qu'il le raffermira sans doute de plus en plus ; tant mieux, parce qu'il y a dans cette prétention le désir bien accusé de se rendre utile au pays. N'est-ce pas là une louable ambition, et ne faudrait-il pas blâmer M. Bonaparte s'il ne l'avait pas conçue dans les circonstances difficiles où nous nous trouvons.

Pour en finir sur ce point, si M. Louis Bonaparte a mérité d'être appelé le chef du parti bonapartiste, grâces lui en soient rendues ; c'est une précieuse garantie pour la France.

S'il aspire à devenir empereur, nul ne doit s'en inquié-
ter, parce que M. Louis Bonaparte ne saurait obtenir ce résultat que du vœu national, et d'ailleurs tout à la fois en rému-
nération de grands services rendus au pays et par suite d'une
nécessité bien et dûment constatée.

Enfin, pour ce qui est de la prolongation de ses pouvoirs
pour quatre, pour dix années, pour toute sa vie, ce sont encore
là des questions que le pays seul aurait à apprécier dans la
plénitude de sa souveraineté.

Nous demandons aujourd'hui la prolongation pour quatre
années, parce que nous la croyons nécessaire; l'avenir fera le
reste : il appartient à tout le monde.

L'objection à laquelle nous venons de répondre n'a pas plus
de portée que cela.

VI

D'autres encore sont effrayés de la simultanéité des deux
élections générales en mai 1852. Cette coïncidence, disent-ils,
doit nous livrer fatalement à l'hydre de l'anarchie.

Ces craintes nous paraissent chimériques, en ce qu'elles ont
pour fondement unique cette fausse croyance, qu'un pouvoir qui
va finir ne saurait conserver dans sa dernière période les conditions premières de son énergie et de sa force; qu'il est, par
cela seul qu'il décline, déchu du droit de se faire respecter.
C'est là une grave erreur; et nous sommes convaincu, au con-

traire, que l'Assemblée nationale et le chef du Pouvoir exécutif voudront se montrer d'autant plus soucieux de poursuivre l'exécution de leur mandat jusqu'à la limite extrême de sa durée, que le moindre relâchement de leur part dans l'accomplissement d'un si grand devoir, enhardirait les fauteurs de désordres, et provoquerait le mal qu'il importe à tous d'éviter. Pour nous, l'anarchie n'est à redouter que si nos pouvoirs publics reculent devant elle ; or, est-il permis même de le craindre, lorsque d'une part il est certain que le gouvernement aura en mains tous les moyens de faire maintenir l'ordre sur toute la surface du pays, et que, de l'autre, il n'est pas moins positif qu'aussitôt la digue rompue par l'anarchie, l'inondation emporterait tout, à commencer par ceux qui n'auraient pas su défendre cette digue confiée à leur vigilance? Cela n'est pas admissible.

D'ailleurs, ce qui est plus rassurant encore, c'est que le Pays sera là, entre le pouvoir qui finira et celui qui devra commencer, debout avec sa ferme résolution de faire bonne et prompte justice des ennemis de son repos, et s'élevant comme une difficulté insurmontable pour ceux qui auront compté sans lui.

Enfin, il faut vouloir ce que l'on ne peut empêcher : la simultanéité des deux élections est un inconvénient auquel nous n'avons pas le moyen de remédier. Seulement l'écueil sera facile à éviter ; il suffira pour cela du bon accord du pouvoir et des hommes d'ordre.

VII

Une dernière objection est celle-ci :

Pourquoi l'Assemblée nationale ne se chargerait-elle pas elle-même de pourvoir aux nécessités du moment et de décréter la prolongation des pouvoirs de M. le président?

Cette solution, qui a pour point de contact avec celle que nous proposons la nécessité reconnue de la continuation des pouvoirs de M. Louis-Napoléon Bonaparte, et par laquelle on a sans doute voulu remédier à l'inconvénient que nous venons de signaler, a été déjà formulée par M. Latour-Dumoulin fils, dans la brochure que mentionne la note mise au bas de notre premier feuillet.

Nous avons le regret de ne pouvoir accepter cette solution que d'une manière subsidiaire; voici nos raisons :

L'Assemblée législative, en s'attribuant le droit exhorbitant de proroger, de sa propre autorité, les pouvoirs de M. Louis-Napoléon Bonaparte, ferait tout simplement un coup d'État, et les coups d'État nous effraient, de quelque part qu'ils viennent.

D'ailleurs, M. L.-N. Bonaparte (nous le craignons du moins), s'il était réélu par ce procédé exceptionnel, descendrait immédiatement du piédestal où l'ont spontanément élevé six millions de suffrages; son autorité perdrait aussitôt tout le prestige qu'aujourd'hui elle emprunte à son origine, à cette imposante majorité du scrutin du 10 décembre; M. L.-N. Bonaparte ne serait plus l'élu de la nation, mais seulement celui de l'Assemblée, ce qui est bien différent à une époque où l'on a déjà tant de peine à faire respecter les pouvoirs directement issus du suffrage universel.

Ne nous exposons pas à blesser les justes susceptibilités du pays en paraissant douter de lui ; prenons garde de gâter par trop d'empressement une affaire qu'il saura bien faire lui-même, et qui est la sienne, après tout ; fions-nous au bon sens populaire, cela nous paraît plus sage et plus sûr.

C'est déjà bien assez qu'il nous faille, dérogeant à l'article 111 de la Constitution, demander que la révision soit faite par l'Assemblée actuelle, afin de contourner la difficulté qui naît de l'impossibilité de réunir au sein du Parlement un nombre de votes suffisant pour motiver l'appel d'une assemblée spéciale. Le pays acceptera, nous n'en doutons pas, un expédient fondé sur une nécessité aussi impérieuse ; mais il faut éviter, puisqu'on peut le faire, d'entacher l'autorité que l'on veut proroger et raffermir, du vice originel d'un expédient qui ne serait pas aussi rigoureusement nécessaire, qui ne serait pas indispensable. Telle est notre opinion.

Que si des événements, des dangers que nous ne pouvons prévoir commandaient l'initiative parlementaire comme une mesure de salut public, nous y aiderions de tous nos efforts. Mais jusque là, respect aux droits de la nation.

Il sera si doux et si précieux tout à la fois pour M. Louis-Napoléon Bonaparte de pouvoir dire encore avec la même assurance et la même vérité, ce qu'il disait naguère dans son voyage en province : « Je ne reconnais à personne le droit de se dire plus que moi le représentant du pays ! »

En résumé :

Maintien de la forme républicaine du Gouvernement.

Révision immédiate de la Constitution par l'Assemblé législative *actuelle*, et révision seulement sur le point de la rééligibilité présidentielle.

Dès-lors, déclaration pure et simple du droit qu'auront les électeurs de réélire le président de la République autant de fois qu'ils le jugeront convenable, et chaque fois pour le terme de quatre années indiqué par la Constitution.

Enfin, réélection de M. L.-N. Bonaparte, en 1852, par la nation, par le seul effort du bon sens public de plus en plus éclairé sur les dangers que présentent toutes les autres solutions.

Telle est, selons-nous, la Solution nécessaire.

Septembre 1850.

Imprimerie de A. Guyot et Scribe, rue Neuve-des-Mathurins, 18.